Vorwort

Dies ist die Geschichte von zwei kleinen Mädchen, die in den Wirren des zu Ende gehenden zweiten Weltkriegs ihre Heimat verlassen und sich in der Fremde ein neues Zuhause schaffen mussten.

Es ist eine unspektakuläre Geschichte.

Sie erzählt keine Heldentaten, keine verklärten Erinnerungen an eine verlorene Heimat und sie macht keine Schuldzuweisungen. Noch viel weniger ist sie eine Rechtfertigungshilfe für rechtes Gedankengut.

Sie erzählt lediglich von zwei fünfjährigen Mädchen, ihren älteren Brüdern und ihrer unbeugsamen Mutter.

Nicht mehr – aber auch nicht weniger.

Und sie will mahnen.
Es geschieht immer wieder, überall auf der Welt, zu jeder Zeit.

Kinder sind die Leidtragenden in der wahnsinnigen Welt der Erwachsenen.

Insterburg '44

Rainer Huxhage

**Geschichte
einer
Kindheit**

Verlag: BoD · Books on Demand GmbH,

In de Tarpen 42, 22848 Norderstedt,

bod@bod.de

Druck: Libri Plureos GmbH,

Friedensallee 273,

22763 Hamburg

ISBN: 978-3-7693-2684-0

Umschlag: R. Huxhage

Bilder: Familienbesitz

Lesungen im Internet:

www.youtube.com/@RainerHuxhage

Internet:

www.rainerhuxhage.de

INSTERBURG '44

Erinnerungen an eine Kindheit

Es war ein schöner, sonniger Tag im Sommer des Jahres 1944. Der Oberleitungsbus der Linie 1 setzte sich von der Haltestelle Quandelstraße langsam in Bewegung. Der Fahrer hätte wohl nicht im Traum daran gedacht, dass sich an die hintere Stoßstange seines Busses meine Schwester Marianne geklammert hatte, die nach dem Anfahren aufjauchzte und auf flinken Kinderbeinen versuchte, mit dem immer schneller werdenden Gefährt Schritt zu halten. Schließlich gewann der Bus das Rennen und meine Schwester musste ihn davon fahren lassen – wie jedes Mal.
Unsere Mutter hatte dieses Spiel aus dem Fenster unserer Mietwohnung beobachtet und schimpfte lange und ausdauernd mit meiner ihr. Es nützte aber nichts, der Reiz des Spiels war stärker.
Ich kann mich erinnern, dass Marianne ständig nach Schnittlauch roch. Sie klaute das Lauchgewächs bei den Nachbarn, obwohl wir selbst reichlich davon angebaut hatten. Auch darüber war unsere Mutter nicht besonders erfreut, aber der Schnittlauch der Nachbarn schmeckte meiner Schwester offenbar einfach besser.

Wir waren Kinder, Zwillingsschwestern, und wir waren fünf Jahre alt.
Unsere Familie wohnte im zweiten Stock eines Mietshauses in der Immelmannstraße. Die Immelmannstraße war gleichzeitig die Reichsstraße 139 und führte von Insterburg in das vierzig Kilometer entfernte Nordenburg.
Aus dem Fenster unserer Wohnung konnten wir über die Straße auf eine große Weide schauen, auf der Kühe grasten. Vor einiger Zeit schlug bei einem starken Gewitter der Blitz in die Wiese ein und

tötete mehrere Kühe, was für einige Aufregung in der Nachbarschaft sorgte.

Wir verbrachten unsere frühe Kindheit zusammen mit den drei älteren Brüdern und unserer Mutter, die bisweilen mit uns fünf Kindern ein strenges Regiment führte. Die älteren Brüder waren Hans, damals 15 Jahre alt, Lothar, 10 Jahre und Dietmar, acht Jahre alt. Die Jungen nannten uns Mädchen spaßhaft „Püppche". Der älteste Bruder Hans war nicht der leibliche Sohn unseres Vaters. Das spielte für uns Kinder aber keine Rolle, er war unser ältester Bruder und damit hatte es sich.

Unser Vater tat zu dieser Zeit Dienst als Soldat in Hitlers Wehrmacht und war in Frankreich stationiert. Aus diesem Grund bekamen wir ihn kaum zu sehen. Bei einem seiner seltenen Besuche brachte er für uns Mädchen zwei wunderschöne, große Puppen aus diesem fernen, für uns unbekannten Land mit.

Etwa fünfundzwanzig Minuten entfernt, in der Augustastraße, wohnte die Mutter unserer Mutter, für uns Kinder die Oma Gernat. Der Mann von Oma Gernat war im Weltkrieg neunzehnhundertvierzehn-achtzehn, der später die Nummer Eins bekam, gefallen. Wenn es zur Besuch der Großmutter gehen sollte, packte Mutter uns Mädchen in eine Karre und mit den Jungens zusammen ging es zu Fuß in die Augustastraße.

Die Eltern unseres Vaters waren Bauern und lebten mit seiner Schwester, die wir Kinder Tante Friedchen nannten, auf einem Hof in Tannenfelde, einer kleinen Gemeinde, etwa achtzehn Kilometer von Insterburg entfernt.

Wir erlebten unsere Kindheit in dieser unruhigen Zeit trotzdem heiter und unbeschwert. Insterburg war in den frühen vierziger Jahren neben Königsberg das bedeutendste Eisenbahndrehkreuz Ostpreußens und beherbergte neben Truppen des Heeres auch die Fliegereinheiten des Flugplatzes im Süden der Stadt. Es gab Kasernen, Offizierskasinos und eine über die Grenzen Insterburgs hinaus bekannte Pferderennbahn. Die Stadt lag inmitten von Parks und Grünflächen. Im Norden floß die Angerapp, die mit dem Zufluss der Inster den Pregel bildete. Auf den Straßen und Plätzen der Stadt herrschte viel Betrieb. Für uns Kinder war das normal, wir waren in diese Zeit hineingeboren und darin aufgewachsen.

Meine Schwester und ich hatten damals keine Ahnung von den dunklen Wolken, die langsam am Himmel über Ostpreußen aufzogen. Der Sturm begann am 27. Juli 1944 mit der schweren Bombardierung der Stadt durch die sowjetische Luftwaffe.

Sobald die Luftschutzsirenen das Signal für den Fliegeralarm hinausjaulten, rannten wir aus unserer Wohnung im zweiten Stock in den Luftschutzraum im Keller des Hauses. Wir kleineren Kinder kauerten uns dort in eine aufgespannte Hängematte und lauschten verängstigt dem Heulen und Krachen der Bomben. Unsere Mutter versuchte, uns zu beruhigen und gab uns Taschentücher in die Hände. An diesen konnten wir uns festhalten, die zitternden Hände beruhigen und unsere Tränen trocken.
Auch viele Jahre später konnte ich nur mit einem Taschentuch in der Hand ruhig einschlafen.
Unsere Mutter sagte uns immer wieder, dass die Bomben nur in Paulat's Teich fallen würden, der ganz in der Nähe lag. Wir wären hier unten sicher. Dann sang sie für uns das Lied »Weißt Du wieviel Sternlein stehen.« Uns Mädchen trösteten das sehr. Auch später, während den langen Monaten unserer Flucht, sang sie für uns Mädchen immer wieder diese alte Volksweise und half uns so über Angst und Schrecken hinweg.

Erst viel später konnten wir ermessen, welche persönlichen Opfer unsere Mutter auf sich genommen hat, um uns durch die schwere Zeit zu bringen. Sie war eine musische und kulturell interessierte Frau, die sehr viel las, eine schöne Stimme hatte, gut singen konnte und gerne auf ihrer Geige spielte. Ihre Bücher musste sie in Insterburg zurücklassen. Lediglich ihre geliebte Geige hatte sie mit auf die Flucht genommen.
Gelegentlich erlebten wir die Angriffe und Überflüge der sowjetischen Luftwaffe auch auf dem Hof unserer Großeltern in Tannenfelde. Von Insterburg aus konnte man mit der Kleinbahn bis zum

Halteplatz Gut Gründann fahren. Von da aus war es noch ein kleiner Fußmarsch bis zu den Großeltern. Hin und wieder holte uns der Großvater mit dem Pferdewagen ab. Wir Kinder lagen dann bei Fliegeralarm in einer Rübenmiete unter freiem Himmel oder versteckten uns im hintersten Winkel der Scheune zwischen den Milchkannen. Dort warteten wir voller Angst auf die Entwarnung, während man in der Ferne die Leuchtmarkierungen der angreifenden Bomber am Himmel über Insterburg sehen konnte.
Für unsere Brüder, besonders dem fünfzehnjährigen Hans, waren die Luftangriffe, trotz all ihrer Schrecken, eine Art Abenteuer. Hans durchsuchte nach den Angriffen die Gegend nach Splittern und anderen Bombenresten, um damit Dinge zu tun, die wohl nur ein Fünfzehnjähriger in diesen Zeiten tut.

Die dunklen Wolken am Himmel über Insterburg zogen sich immer dichter zusammen, als die sowjetische Armee am 16. Oktober 1944 zum Angriff auf Ostpreußen ansetzte.
In Insterburg verbreitete sich eine immer stärker werdende Unruhe. Gerüchte über einen verheerenden Angriff der sowjetischen Armee machten die Runde. Immer mehr Militärfahrzeuge drängelten sich in den Straßen. Auf den Insterwiesen vor der Stadt standen große Rinderherden. Die Besitzer waren mit ihren Tieren aus den östlichen Gebieten geflüchtet. Aufgrund der sich immer weiter verschlechternden militärischen Lage sollten Pläne zur Evakuierung Insterburgs ausgearbeitet werden, was aber von den Königsberger Verantwortlichen, auf Anordnung des Gauleiters Koch, kategorisch abgelehnt wurde.
Für uns Kinder war es, als sei im Osten der Himmel explodiert. Feuerschein von Bränden und immer stärker werdender Kanonendonner, dazu die Berichte von Massakern und anrollenden Panzern der Roten Armee versetzten die Insterburger Bevölkerung zunehmend in Angst und Schrecken. Flüchtlinge und Militärkolonnen verursachten ein heilloses Chaos auf den Straßen, der Bahnhof wurde von Menschen belagert, die auf ihren letzten geretteten Habseligkeiten saßen und auf ein Transportmöglichkeit Richtung Westen warteten. In den Straßen irrten Kinder und Fohlen, die ihre

Mütter verloren hatten, ziellos umher. Ende Oktober beruhigte sich die militärische Lage ein wenig und die Angriffe der Roten Armee konnten für einige Wochen aufgehalten werden.

Die Bevölkerung der Stadt und des Landkreises war aufgrund der Vorkommnisse jetzt aufs Höchste erregt. Fahrzeuge und Kapazitäten für den Transport von Mensch, Tier und Material fehlten. Es dauerte einige Tage, bis endlich Züge zur Verfügung standen und die gestrandeten Flüchtlinge am Bahnhof evakuiert werden konnten. Für eine kurze Zeit kehrte eine angespannte Ruhe in Insterburg ein. Es begann eine organisierte Räumung der Stadt, die unter dem Begriff »Wirtschaftliche Auflockerung« die Personen aus der Stadt bringen sollte, die nicht unbedingt dort gebraucht wurden. Menschen und Material wurden in den Kreis Mohrungen gebracht.

Wir Kinder nahmen diese Zeit voller Angst und Sorge nicht in ihrer vollen Tragweite wahr. Aber auch für uns kam bald der Moment, an dem es hieß, die Sachen zu packen und die Heimat mit unbestimmtem Ziel zu verlassen – vielleicht für immer.

An einem Tag Mitte Dezember 1944 war dieser Moment gekommen.

Jedes von uns Kindern bekam einen »Pungel,« so nannten wir damals einen Rucksack. Natürlich war der Pungel der Brüder schwerer als der von uns Mädchen.

Dann ging es los.

Wir waren sieben Personen – fünf Kinder, unsere Mutter sowie Oma Gernat und verließen Insterburg mit der Eisenbahn. Unsere Mutter hatte entschieden, dass wir nicht mit der Bahn nach Königsberg und von dort aus eventuell mit einem Schiff in Richtung Westen fahren würden, sondern dass wir uns den allgemeinen Anweisungen zur Evakuierung in den Raum Mohrungen anschließen.

Jeder hatte so viel Gepäck, wie er tragen konnte. Auf dem Bahnsteigen des Insterburger Bahnhofs drängten sich die Menschen, um einen Platz in einem Waggon Richtung Westen zu bekommen.

Nach langer Wartezeit zog die Lokomotive mit einem schrillen Pfeifen an und der Zug setzte sich rumpelnd und zischend in Richtung Mohrungen in Bewegung. Mit jedem Fauchen der Lokomotive entfernten wir uns weiter von unserem Zuhause. Die Waggons des Zuges waren voll besetzt mit Familien, die mit allem, was sie irgendwie tragen konnten, bepackt waren. In den Gesichtern der Flüchtenden spiegelte sich Angst und die Sorge vor einer ungewissen Zukunft wider. Für uns Kinder dehnte sich die Zeit scheinbar endlos, begleitet nur von dem monotonen Rattern und Rumpeln der eisernen Räder.

Dann erreichten wir endlich den Bahnhof von Mohrungen. Hier war erst einmal Endstation. Alle Personen mussten den Zug verlassen und sich vor dem Bahnhofsgebäude versammeln. Es ging darum, die vielen Menschen und ihr Hab und Gut notdürftig unterzubringen. Unsere Familie kam mit vielen anderen in einer Turnhalle unter. Dort konnten wir uns, so gut wie es eben ging, zur Nacht einrichten. Keiner wusste, wie es nun weitergehen würde.

Unsere Mutter war eine energische, durchsetzungsfähige Frau, die es gewohnt war, die Dinge anzupacken. So machte sie sich auf die Suche nach einem Verantwortlichen, der Auskunft erteilen konnte. Wann würde es weitergehen und vor allem, wohin?

Nach vielem Hin und Her bekam sie die Nachricht, dass es mindestens drei Tage dauern würde, bis wir und die anderen Flüchtenden mit einem regulären Zug weiter in Richtung Westen transportiert würden. Unsere Mutter fasste aufgrund dieser Auskunft einen Entschluss: Drei Tage würden reichen, um noch einmal zurück nach Insterburg zu fahren. Unser ältester Bruder Hans sollte sie auf dieser Fahrt begleiten. Dort würden sie die letzten, wichtigen Dinge aus unserer und Oma Gernats Wohnung holen. Auf der Fahrt wollten sie auch bei den Schwiegereltern in Tannenfelde Station machen und versuchen, die alten Herrschaften zur Flucht Richtung Westen zu überreden.

So wurde es gemacht. Unsere Mutter ließ sich selten von einem einmal gefassten Entschluss abbringen. Wir übrigen Kinder blieben unter der Obhut von Oma Gernat in Mohrungen zurück.

Für die Wartenden zog sich die Zeit endlos hin. Immer wieder machten Gerüchte die Runde und jedes Gerücht war schlimmer als das vorherige. Es war kurz vor Weihnachten des Jahres 1944, es war kalt, frostig und es lag Schnee. Für uns Kinder war das normalerweise die Zeit der Vorfreude auf Tannenbaum, Geschenke und Süßigkeiten.

Die Erwachsenen würden viel trinken, reden und essen, während wir Kinder am Kindertisch, der manchmal spaßhaft »Katzentisch« genannt wurde, unser eigenes Weihnachten feierten. Je mehr getrunken wurde, desto lauter und fröhlicher würde die Erwachsenenrunde werden. So war es bis jetzt immer. Niemand konnte damals sagen, ob es je wieder so sein würde.

Nach einer bangen Zeit des Wartens kamen unsere Mutter und Hans zurück. Zu unserer großen Freude hatten sie auch an die zwei großen Puppen aus Frankreich gedacht, die sie uns Mädchen in die Arme drückten. Die Nachrichten aus Insterburg aber waren alles andere als beruhigend. Sie hatten unsere Wohnung in der Immelmannstraße zwar noch unbeschädigt vorgefunden, aber das Haus der Großmutter Gernat war durch einen Bombentreffer zerstört.

Auch aus Tannenfelde gab es schlechte Nachrichten. Die Großeltern wollen ihren Hof nicht verlassen. Man würde die Russen bereits aus dem Weltkrieg kennen und es bestände kein Grund, um Angst vor ihnen zu haben. Da würde man lieber in Ruhe abwarten. Tante Friedchen war der gleichen Meinung. So blieben die drei in Tannenfelde zurück.

Wir haben nie wieder etwas von ihnen gehört.

Dann sollte es weitergehen. Alle Flüchtlinge wurden auf einen Zug verladen. Keiner konnte genau sagen, wohin die Reise gehen würde. Der Zug setzte sich in Bewegung und wieder ratterten die Räder der Waggons ihr monotones Lied. Hinter uns verschwand der Bahnhof von Mohrungen im Schneefall des späten Dezember 1944. Mit der Zeit wurde stiller in den Waggons. Müde, sorgenvolle Gesichter der Erwachsenen, geflüsterte Unterhaltungen, kleine Kinder weinten leise und wurden von den Müttern getröstet. Es war kalt in den überfüllen Wagen und die Luft war schlecht. Über dem gesamten Zug lag eine Mischung aus Hoffnungslosigkeit, Angst und Erschöpfung.

Hin und wieder hielt der Zug an Bahnhöfen, die uns Kindern völlig unbekannt waren. Immer mehr Personen mit Gepäck und dem letzten Hab und Gut drängten in die schon überfüllten Waggons. Als die Wagen bis auf den letzten Platz besetzt waren, kletterten einige in ihrer Verzweiflung auf die Dächer und klammerten sich dort oben fest. Es war uns unbegreiflich, wie sie in dem klirrendem Frost dort oben überleben konnten.

Später erfuhren wir das Ziel der Fahrt: Schlawe in Pommern.

Der mit Flüchtlingen überfüllte Zug dampfte durch den strengen Winter und hielt nach langer Fahrt auf die Weichselbrücken bei Dirschau zu.

Plötzlich ein Schrei: Fliegeralarm!

Der Zug ratterte weiter auf die Brücke zu. Aus dem Fenster unseres Waggons war ein dunkler Schatten zu sehen, der blitzschnell und sehr tief durch den Himmel huschte. Dann änderte sich das Geräusch der ratternden Räder, der Zug hatte die Brücke erreicht. Wieder ein Schatten an unserem Fenster, dann ein lautes Krachen. Viele Leute schrien angstvoll auf. Draußen sah man am Boden plötzlich rötliche Blitze, umgeben von schwarzen Rauchwolken.

Der Zug wurde bombardiert!

Wieder Krachen und ein Rattern, wir hörten Leute schreien: »Sie schießen auf uns!«

Unsere älteren Brüder klebten förmlich am Fenster des Waggons und berichteten, angstvoll aber gleichzeitig fasziniert, was es draußen zu sehen gab.

»Bombeneinschläge, ganz nahe dran!«

»Es fallen Leute von den Dächern, die wurden bestimmt runtergeschossen!«

»Das sind englische Flieger!«

Die Sekunden dehnten sich zu einer Ewigkeit.

Dann war es vorbei.

In unserem Waggon hörte man eine Frau leise schluchzen, sonst herrschte angstvolle Stille. Auch unsere Brüder hatten ihre atemlosen Berichte eingestellt. Der Zug ratterte über das letzte Stück der Brücke und dampfte weiter durch den Schnee in Richtung Schlawe. Im Bahnhof von Schlawe angekommen, mussten alle Reisenden den Zug verlassen. Die verschreckten Passagiere wurden von irgendwelchen Verantwortlichen zu verschiedenen Gruppen zusammengestellt. Unsere Mutter achtete mit Argusaugen darauf, dass wir sieben

Personen zusammenblieben. Eine Trennung hätte im schlimmsten
Fall bedeutet, dass wir uns nie wieder sehen würden.
Dann ging es zu Fuß durch Schnee und Kälte. Wir Kinder hatten
jedes Zeitgefühl verloren. Es war kalt, der Wind pfiff durch die
Straßen der Stadt und die Angst lag wie eine schwere Decke über
unserer Gruppe.
Es ging hinaus aus Schlawe. Über eine Landstraße erreichten wir
ein größeres leerstehendes Haus. Hier sollte sich unsere Gruppe
einrichten, da die früheren Bewohner des Hauses offenbar schon
vor Tagen geflüchtet waren. Wir kamen auf dem Dachboden unter.
Dort konnten wir uns mit Decken und anderem Material ein Lager
einrichten. Unsere Brüder begannen natürlich sofort, die neue
Unterkunft vom Dach bis in den Keller zu untersuchen. Sie fanden
tatsächlich noch Gläser mit Eingemachtem. Die früheren Bewohner des Hauses hatten wohl nicht die Möglichkeit gehabt, ihr kom-
plettes Hab und Gut auf ihrer Flucht mitzunehmen. So ließen wir
uns die zurückgelassenen Vorräte schmecken. Unsere Mutter fand
noch einige Familienbilder der vorherigen Besitzer, die sie mit-
nahm. Diese Bilder sind auf unserer weiteren Flucht verlorenen
gegangen.
Wir blieben nicht lange in diesem Haus. Plötzlich hieß es: »Die
Sachen packen, es geht weiter ins Innere des Reichsgebietes.«
Wir Kinder setzten wieder unsere Pungel auf, unsere Mutter packte
die Sachen und es ging weiter – wieder zu Fuß.

Der Winter 1944/45 kam sehr früh und mit aller Härte. Der Schnee
lag teilweise meterhoch und ein eiskalter Wind pfiff über die notdürftig vermummten Menschen, die sich wie ein grauer Lindwurm
langsam über die Straßen schoben. Die Temperaturen fiel nachts
häufig auf unter Minus 20 Grad und stiegen auch am Tage selten
über den Gefrierpunkt.
Das traurige Weihnachtsfest 1944 feierten wir irgendwo unterwegs
– wir haben es vergessen.
Wir waren nie alleine auf den Straßen und Wegen. Immer waren es
Mütter mit Kindern oder alte Männer, die mit uns unterwegs waren.
Die persönlichen Sachen wurden auf Bollerwagen oder anderen

nicht motorisierten Fahrzeugen verstaut, teilweise in Rucksäcken transportiert oder in Taschen getragen. Selten sah man einen Wagen mit ein oder zwei Pferden vorgespannt. Ein schier endloser grauer Zug der Hoffnungslosigkeit zog langsam durch den strengen Winter.

Die Straßen und Wege erschienen uns Mädchen endlos. Monoton setzten wir einen Fuß vor den anderen, immer auf der Hut vor Tieffliegerangriffen. Hin und wieder machten Gerüchte über einen schweren Angriff der russischen Armee die Runde, meistens aber herrschte bedrücktes Schweigen.

Angst lag wie eine bleierne Decke über unserem Treck. Die Füße schmerzten, die Schuhe waren nass, die Puppen auf unseren Armen wurden schwerer und schwerer und schließlich unseren Brüdern aufgepackt. Das Schuhwerk zerfiel mit der Zeit und die Kälte kroch uns buchstäblich durch Mark und Bein. Schließlich wurden Stofffetzen vom Wegesrand oder irgendwelche beschädigte, ausgediente Kleidung zerschnitten und wir Mädchen bekamen diese Fetzen als Fußlappen um die müden Beine und Füße gewickelt.

Je länger der Treck der Hoffnungslosigkeit unterwegs war, desto häufiger sah man am Wegesrand zusammengekauerte Menschen hocken oder liegen. Sie waren vor Erschöpfung, Hunger und Kälte zusammengesunken und so erfroren. Später sahen wir auch Pferde, die in der Kälte an Erschöpfung verreckt waren. Die nutzlos gewordenen Fuhrwerke hatten die Besitzer in den Graben geschoben, das Allernötigste abgeladen und sich zu Fuß weiter durch Eis und Schnee geschleppt.

Unsere Mutter versuchte mit ganzer Kraft uns alle durchzubringen. Sie war eine pragmatische, selbstlose, durchsetzungsstarke Frau und konnte streng sein, wenn es notwendig war. Sie ging immer mutig mit gutem Beispiel voran und war liebevoll mit uns Kindern in dieser schweren Zeit. Immer wieder sang sie für uns Mädchen das alte Lied »Weißt du wieviel Sternlein stehen« und tröstete uns auf diese Weise, wenn wir Angst hatten oder vor Erschöpfung weinen mussten. Mit diesen Eigenschaften hat sie in den Jahren der Flucht und auch danach, unser Überleben gesichert und die Familie zusammengehalten.

Wir kamen nachts in Scheunen, verlassenen Häusern oder selten für eine Nacht bei Bauern unter. Es gab aber auch Bauern, die ihre Hunde auf uns hetzten oder die Flüchtlinge mit Steinen bewarfen. Auch damals waren Menschlichkeit und Mitgefühl nicht für jeden selbstverständlich. Nach etlichen Tage tauchten unter den Flüchtlingen die ersten Fälle von Krätze auf. Bei einem Nachtlager in einem verlassenen Haus sahen wir einen Mann, dessen Gesicht durch die Krätze entsetzlich entstellt war. Wir Mädchen fürchteten uns sehr vor ihm.

Nach einer für uns Kinder endlosen Zeit erreichten wir die Gegend um Küstrin an der Oder. Wir können heute nicht mehr sagen, ob der Treck zu irgendeinem Evakuierungsplan gehörte oder einfach der nackten Angst vor der Roten Armee geschuldet war.
Unsere Familie kam, zusammen mit anderen Flüchtlingen, außerhalb der Stadt auf einem großen Bauernhof unter. Dort verbrachten wir zwei Jahre unserer Kindheit, bevor es dann erneut auf die Flucht in Richtung Westen ging.

Der große Hof in der Nähe von Küstrin wurde noch bewirtschaftet, als wir dort eintrafen. Es gab Kühe und andere Tiere. Zum Glück war unsere Mutter eine findige Frau, die fest zupacken konnte. Sie hatte in Insterburg einen Beruf in der grafischen Industrie gelernt. Unser Vater sollte als ältester Sohn von seinen Eltern den Bauernhof in Tannenfelde übernehmen. Aus diesem Grunde kannte sich unsere Mutter auch in der Landwirtschaft aus. Sie musste, zusammen mit anderen Frauen, die Tiere auf dem weitläufigen Hof versorgen und die Kühe melken. Für diese Arbeit gab es als Entlohnung eine kleine Menge Milch und andere Lebensmittel, wie zum Beispiel Kartoffeln. Damit mussten wir mit sieben Personen auskommen. Es war aber nie genug, um zumindest ansatzweise den nagenden Hunger zu stillen. Unser ältester Bruder Hans war aber sehr findig, wenn es darum ging, die kargen Rationen aufzubessern. Hans, Lothar und Dietmar durchstreiften die umliegenden Wälder, stellten Fallen und so manches gefangene Kaninchen wanderte in unseren Kochtopf. Unsere Mutter sagte viel später, dass wir ohne

Hans' Mut und seinem Erfindungsreichtum die lange Zeit der Flucht nicht so gut überstanden hätten.

Wir lebten, zusammen mit anderen Flüchtlingen, in einer großen Scheune. Dort versuchte jede Familie so gut wie es eben ging, für sich ein Mindestmaß an Privatsphäre zu schaffen. Wir lagen dort gepackt wie die Heringe. Einige Zeit später bekamen wir für uns sieben Personen einen eigenen Raum, was zu dieser Zeit ein regelrechter Luxus war.

Für uns Mädchen war der große Hof zum einen Spielplatz, zum anderen ein Ort voller Abenteuer. Wir spielten mit den anderen Kindern auf dem Hof, als meine Schwester Marianne von einem Hund gebissen wurde. Der Hund war eigentlich immer mit dabei und harmlos. Die Narben sind auch heute noch zu sehen und meine Schwester hat immer noch Angst vor großen Hunden. Wir können uns auch gut an einen großen Ganter erinnern, der flügelschlagend hinter uns Mädchen her lief und vor dem wir große Angst hatten. Unsere Mutter hatte aber keine Furcht vor dem Tier. Sie packte den zischenden und mit den Flügeln schlagenden Vogel mit eine schnellen Bewegung am Hals und hielt ihn so lange fest, bis er die Flucht ergriff. Trotz unserer kargen Lebensmittelrationen versorgten wir die Hofkatzen mit einem Teil unserer Milch.

Wir Mädchen waren während des Tages unter der Obhut von Oma Gernat. Oma war damals Ende Fünfzig, Anfang Sechzig. Sie war immer schwarz bekleidet und trug ständig eine auffällige Brosche an ihren Kleidern. Diese Brosche hatte den ersten Teil unserer Flucht bis Küstrin unbeschadet überstanden und wurde später mit in ihr Grab gelegt.

Es ist heute schwer zu sagen, wer damals bei unserer Ankunft den Hof bewirtschaftete und wo genau dieser Hof lag. Wir trafen dort vor der Eroberung der Stadt Küstrin durch die sowjetische Armee ein. Der Hof lag außerhalb der Stadt im östlichen Hinterland. Der ursprüngliche Besitzer des Hofes war bei unserer Ankunft schon weg. Das Vieh hatte er zurückgelassen. Wer zum Zeitpunkt unserer Ankunft für alles die Verantwortung trug, wissen wir nach den vielen Jahren nicht mehr.

Die sowjetische Armee hatte kurze Zeit später zwei Brückenköpfe nahe Küstrin am westlichen Oderufer erobert und die sowjetischen Soldaten tauchten auch auf dem Bauernhof auf. Es waren meistens junge Männer, viele von ihnen waren ausgehungert, abgerissen und müde. Unsere Mutter sagte später, dass die sowjetischen Soldaten durchaus freundlich zu den Flüchtlingen waren. Die Frauen hatten natürlich Angst und versuchten, sich möglichst unattraktiv zu machen und sich zu verstecken. Von Vergewaltigungen, Schändungen und anderen Gräueltaten hat unsere Mutter aber nichts erzählt. Die Sowjetsoldaten waren nett zu uns Kindern. Sie spielten mit uns, wenn es ihr Dienst und Ihre Vorgesetzten zuließen. Die einzigen Gegenstände, die von den Soldaten immer gefordert wurden, waren Uhren und andere Wertsachen. Die Forderung »Uri, Uri« ist uns heute noch im Ohr.

Dann begannen die schweren Kämpfe um Küstrin, im Zuge deren die Altstadt und die Festung fast komplett zerstört wurden. Nach der Einnahme der Stadt durch die russische Armee begann die Schlacht um Berlin, in dessen Verlauf sich der größenwahnsinnige »Führer« das Leben nahm und sich auf dieser Weise feige seiner Verantwortung für das von ihm entfesselte gegenseitige Abschlachten entzog.

Am 8. Mai 1945 endete endlich dieser Wahnsinn, der die gesamte Welt in ein blutiges Chaos gestürzt hatte.

Direkt nach dem Ende des Krieges versuchten die Russen, so etwas wie eine Verwaltung aufzubauen. Es ging das Gerücht um, dass die arbeitsfähige deutsche Bevölkerung, vor allem jüngere Frauen, in Zwangsarbeitslager auf dem Gebiet der Sowjetunion deportiert werden sollten. Unsere couragierte Mutter versammelte uns Kinder um sich und nahm auch noch zwei kleine elternlose Jungen in unserer Schar auf. Sie konnte die russischen Verantwortlichen davon überzeugen, dass es alles ihre Kinder wären und so der drohenden Deportation entgehen.

Wir kleineren Kindern nahmen diese Situation einfach hin und konnten die Sorgen und Nöte der Erwachsenen und der älteren Brüder nicht in ihrer vollen Tragweite verstehen. Die Zeit verging und es stellte sich eine Art von Routine ein. Unsere Mutter arbeitete den ganzen Tag bei den Tieren, unsere Brüder durchstreiften die Gegend und die nahen Wälder, wir Mädchen lebten unter der Aufsicht unserer Großmutter. Ein Gefühl von Sicherheit oder Geborgenheit konnte sich aber nicht einstellen. Es gab keine gesicherte Versorgung mit Lebensmitteln. Unsere Familie überlebte von dem, was unsere Mutter für ihre Arbeit bekam und von dem, was unsere Brüder, speziell Hans, an Nahrung organisierten. Das war alles.

Nach einer kurzen Zeit des Durchatmens brach erneut das Chaos in Form einer Typhus-Epidemie über uns herein. Innerhalb kurzer Zeit erkrankten meine Schwester Marianne, unser Bruder Lothar und Oma Gernat an dieser Fieberkrankheit. Die Typhuskranken wurden in einem Schulgebäude isoliert und dort von freiwilligen Helfern gepflegt oder zum Teil sich selbst überlassen. Es gab keine medizinische Versorgung, keine Ärzte und keine Krankenschwestern.

Meine Schwester erkrankte so schwer, dass wir jederzeit mit ihrem Tod rechneten. Ihr Gesicht war eingefallen, sie war sehr schwach, hustete qualvoll und war vom Fieber ausgezehrt. Um sie zumindest sehen zu können, nahm mich mein Bruder Hans auf die Schultern und ich konnte durch ein Fenster in einen Raum blicken, in dem meine Schwester zusammen mit anderen Typhuskranken auf ihren Krankenlagern dahin vegetierten. Die Patienten bekamen als Mahlzeit Näpfe mit heissem Haferbrei. Marianne versuchte einen Löffel dieses Breis zu essen, war aber so geschwächt, dass ihr der Napf aus den Händen fiel und sie sich so stark verbrühte, dass die Narben noch heute zu sehen sind. Auch unsere Oma war in diesem Gebäude isoliert. Sie war zu diesem Zeitpunkt schon sehr schwach und unterernährt. Oma verlangte im Fieber fortwährend nach Buttermilch, die sie aber nicht vertrug. So hatte sie dem Typhus nichts entgegenzusetzen. Sie starb an dieser Krankheit und wurde von Hans unter einem Baum begraben. Die Brosche, die sie während der Flucht an ihrem Kleid getragen hatte, legte er mit in ihr Grab. Dort wird sie wohl heute noch liegen. Hans war viele Jahre später noch einmal dort und fand das Grab unserer Oma anhand des einfachen Holzkreuzes, welches er zu ihrer Beerdigung gebaut und über ihrem Grab aufgestellt hatte.

Marianne und Lothar überlebten den Typhus und erholten sich langsam. Viele andere aber, Russen und Deutsche, sind an dieser Epidemie elend und nahezu unversorgt verreckt.

Die Streifzüge unseres Bruders Hans blieben nicht unbemerkt. Eines schönen Tages wurde er von den Ordnungskräften der russischen Kommandantur verhaftet und auf dem Hof in eine Art Verschlag gesteckt, welcher das Gefängnis darstellt. Es gab keine Anklage, keinen Gerichtsbeschluss, keine Verurteilung, nur das Gefängnis. Dort musste er als Jugendlicher dafür büßen, dass er nach Kräften versucht hatte, unsere Familie durchzubringen.

Dann kam der Zeitpunkt, an dem die Russen gemäß des Potsdamer Abkommens die Verantwortung an Polen übergaben. So begann der zweite Teil unserer Flucht in Richtung Westen.
Nachdem die deutschen Ostgebiete zu polnischem Staatsgebiet erklärt wurden, änderte sich der Status von uns Flüchtlingen noch einmal dramatisch. Wir waren jetzt nicht mehr nur heimatlos, sondern auch staatenlos. Die neuen polnischen Bewohner waren aufgrund der Beschlüsse der Teheraner Konferenz 1943 und des Potsdamer Abkommens selbst Umsiedler aus denen von Russland besetzten ehemaligen polnischen Gebiete im Osten. Sie teilen aber nicht das Los von uns ostpreussischen Flüchtlingen.
Der Ton und der Umgang untereinander wurde rauher. Unter russischer Verwaltung herrschte während den letzten Kriegswochen und auch danach verständlicherweise ein gewisses Chaos, doch man konnte durchaus mit den russischen Verantwortlichen auskommen. Die umgesiedelten polnischen Bewohner waren aber die neuen Herren in einem neuen Polen. Dieses ließen sie uns Flüchtlinge auch deutlich spüren. Unsere Familie hatte keine gewaltsamen Übergriffe der angesiedelten polnischen Bevölkerung zu erleiden. Allerdings machten immer wieder Nachrichten über Gewalt in den Internierungslagern, Vergewaltigungen und unkontrollierter Vertreibung die Runde.
Unserer Mutter wurde sich aufgrund dieser Vorkommnisse sehr schnell darüber klar, dass auch uns irgendwann ein Internierungsla-

ger oder eine gewaltsame Vertreibung drohen würde. Aus diesem Grund nahm sie in Küstrin Kontakt zum Suchdienst des Internationalen Roten Kreuzes auf.

Unser Vater war während des Krieges in Frankreich stationiert und geriet am Ende des großen Sterbens in amerikanische Gefangenschaft. Er wurde im Laufe des Jahres 1946 entlassen und schlug sich mit Hilfe des Roten Kreuzes durch die Nachkriegswirren nach Lage/Lippe durch. Er wohnte dort als Untermieter in einem Privathaushalt.

Auf dieses Art und Weise bekam unsere Mutter die Information, dass unser Vater den Krieg überlebt hatte und in der lippischen Kleinstadt Lage untergekommen war. Ihr Entschluss stand fest: Wir würden uns so schnell wie möglich auf den Weg nach Lage machen.

Die allgemeine Lage in den Jahren nach Ende des fürchterlichen Krieges war unsicher und ungewiss. Würden wir mit Hilfe des Roten Kreuzes das neue polnische Staatsgebiet verlassen können? Wann würde das passieren? Würden wir dann wieder mit unserem Vater zusammen kommen?

Mutter fasste den Entschluss, auf eigene Faust erneut die Flucht nach Westen anzutreten. Die Unsicherheit über unsere Zukunft musste beendet werden und das möglichst schnell. Sie war es gewohnt, die Dinge selbst zu regeln und nicht auf eine unbestimmte Hilfe zu warten.

Ihr gelang es, Kontakt zu einem Mann aufzunehmen, der uns zu Fuß auf deutsches Staatsgebiet und dort zu einem Bahnhof bringen würde.

Trotz aller Differenzen zwischen der umgesiedelten polnischen Bevölkerung und den deutschen Flüchtlingen war die Arbeitskraft der Deutschen doch noch gefragt. Es war also nicht so einfach, auf eigene Faust das jetzt polnische Staatsgebiet zu verlassen und westlich der Oder auf das russisch verwaltete deutsche Staatsgebiet zu gelangen.

Sie hatte alles auf eine Karte gesetzt und ihr gesamtes Geld und allen Schmuck, den sie seit fast zwei Jahren irgendwie versteckt hatte, für diese Gelegenheit der Flucht ausgegeben. Auch ihre geliebte Geige und die beiden großen Puppen blieben in Küstrin zurück. Ein Teil des Geldes und des Schmucks wanderte in die Taschen unseres Fluchthelfers, der Rest sollte die polnischen Grenzsoldaten dazu bewegen, für einen kurzen Moment nicht so genau hinzusehen. So wurde es uns von unserem Schlepper versprochen.

Was würde uns erwarten? Konnten wir dem fremdem Mann, der uns auf deutsches Staatsgebiet führen sollte, vertrauen?

Eines Nachts Ende Dezember 1946 ging es los. Es war bitterkalt und wir verließen den Hof, der für fast zwei Jahre so etwas wie ein Zuhause für uns war, nur mit den wenigen Sachen, die unbedingt nötig waren. Mit uns waren noch einige wenige Familien unterwegs. Unsere Mutter hatte wieder einen kleinen, einsamen Jungen unter ihre Fittiche genommen, der mit uns in ein neues Leben starten sollte. Alles erinnerte uns sehr an unsere wochenlange Flucht vor der Roten Armee und die furchtbaren langen Gewaltmärsche durch Schnee und Eis im Jahre 1944/45.

Wieder kroch die Angst in uns hoch und wir Mädchen fassten uns an den Händen. So trösteten wir uns gegenseitig bei dem Fußweg durch die bitterkalte Nacht.

Wir kamen nur langsam voran. Es ging zuerst über verschneite Feldwege, bis wir in einen dichten Wald kamen.

In der beginnenden Dämmerungen stoppte der Zug der Flüchtenden abrupt. Eine große Rotte Wildschweine mit Jungtieren wühlte vor uns den Waldboden auf. Unsere Mutter bedeutete uns, still zu sein. Frierend warteten wir darauf, dass die Rotte sich verzog. Dann ging es weiter durch den Wald. Kurz bevor wir die Oder erreichten, verabschiedete sich der Schlepper mit einigen wenigen Worten und verschwand im Dickicht.

So erreichten wir die Oder, dem neuen Grenzfluss zwischen Polen und dem russisch verwalteten Teil Deutschlands. Dort wanderte ein Teil des Geldes und des Schmucks in die Taschen der polnischen Grenzsoldaten. Wir überquerten die Oder auf einer nicht zerstörten Brücke. Heute, nach mehr als 75 Jahren, können wir nicht mehr

sagen, ob die Grenze auf der deutschen Seite ebenfalls mit Grenz-
polizei oder Soldaten besetzt war.

Über Feldwege und kleine Straßen erreichten wir den Bahnhof von
Küstrin-Kiez. Von diesem Bahnhof sollte der letzte Teil unserer
Reise zu unserem Vater starten.

Unsere Mutter wurde sofort aktiv. Es galt, einen Zug zu finden, der
uns in den westlichen Teil Deutschlands und in die uns völlig unbekannte Stadt Lage in Lippe bringen sollte. Mit ungebrochener
Durchsetzungsfähigkeit und der Nachricht, dass unser Vater in
Lage untergekommen sei, bekam sie die nötige Fahrkarte für uns
sechs Personen nach Braunschweig. Dort sollte es eine Flüchtlings-
sammelstelle und eine Station des Deutschen Roten Kreuzes geben,
die die weitere Verteilung der Flüchtlingsströme in die vier Besatzungszonen koordinieren würde. Hier würde man uns weiterhelfen.

Wieder bestiegen wir einen Zug. Mit den wenigen Sachen, die uns
verblieben waren, machten wir es uns so bequem wie möglich. Wir
waren müde, erschöpft und durchgefroren. Die Angst vor einer
ungewissen Zukunft, die sich in den letzten beiden Jahren tief in
unsere Seele gebrannt hatte, kroch auch jetzt wieder herauf. Unsere
Mutter hatte alle finanziellen Reserven und ihren kompletten
Schmuck in den hoffentlich letzten Teil unserer Flucht gesteckt.
Wo immer diese Flucht auch enden würde, wir waren arm wie die
Kirchenmäuse.

Was würde uns am Ende der Reise erwarten? Seit zwei Jahren die
immer gleiche Frage.

Die eisernen Räder der Waggons ratterten ihre monotone Melodie.
In den Waggons herrschte angespanntes Schweigen. Müde Gesichter, schlafende Kinder – über den Menschen lagen Erschöpfung
und Unsicherheit wie eine dicke dunkle Decke.

Die Fahrt ging durch das zerstörte Berlin. Graue Ruinen, dazwi-
schen Leute, die irgendeiner Beschäftigung nachgingen, Trostlo-
sigkeit.

Irgendwo auf der Strecke mussten wir umsteigen. Ein anderer
Bahnsteig, ein anderer Zug, wieder ein schrilles Pfeifen der Lokomotive und die Waggons setzten sich rumpelnd in Bewegung.

Für uns Kinder zog sich die Zeit endlos dahin. Eine gefühlte Ewigkeit ratterte der Zug durch eine tief verschneite Landschaft. Der Schnee verdeckte gnädig die Wunden, die dieser wahnsinnige Krieg dem Land und den Menschen geschlagen hatte.

Dann erreichten wir endlich den Bahnhof von Braunschweig. Wir kamen dort mit Massen von anderen entwurzelten Menschen an und wurden in ein Auffanglager bei Salzgitter umverteilt. Dort wurden wir entlaust und bekamen etwas zu essen. Für zwei Tage kamen wir mit vielen anderen in einer Massenunterkunft unter. Der kleine Junge, der uns seit unserem nächtlichen Aufbruch in Küstrin begleitet hatte, wurde dort weitergeleitet. Wir haben nie wieder etwas von ihm gehört, wir haben sogar seinen Namen vergessen.

Dann kam der große Moment. Alle Flüchtlinge, die Verwandte in den Besatzungszonen nachweisen konnten, wurden vom Hilfsdienst des Roten Kreuzes dort hin verteilt. Auch für uns hieß es: »Es geht zu eurem Vater nach Lage.«

Die Odyssee mit der Eisenbahn ging in die hoffentlich letzte Runde. Wir wurden zurück zum Braunschweiger Bahnhof gebracht. Von dort ging es wieder mit dem Zug weiter. Ein neuer Zug, Räder rumpelten über Schienen, die Lokomotive pfiff und es ging weiter in Richtung Westen. Die Strecke ging über Hannover, Stadthagen, Minden, Herford zum Bahnhof der Stadt Lage.

Der Zug erreichte Lage mitten in der Nacht. Mit klopfendem Herzen verließen wir den Zug. Wir waren müde, dreckig und hatten nur das an Gepäck dabei, was wir tragen konnten. So standen wir frierend, alleine und voller gespannter Erwartung auf dem dunklen, leeren Bahnsteig. Unsere Mutter führte uns in den Warteraum. Dort setzten wir uns auf die harten Bänke, verstauten unser klägliches Gepäck und warteten mit bangem Herzen auf unseren Vater.

Erst sehr viel später öffnete sich die große verglaste Holztür des Warteraums.

Herein trat ein für uns Mädchen fremder Mann – unser Vater.

ENDE

Nachwort

Der Wahnsinn des Zweiten Weltkrieges und die dadurch ausgelösten großen Flüchtlingsströme spülten uns nach einer zweijährigen Odyssee von Insterburg aus in die Kleinstadt Lage in Lippe. Hier schlugen wir, langsam aber sicher, neue Wurzeln.
Der Start war nicht leicht. Wir Flüchtlinge wurden nicht immer freundlich aufgenommen. Unsere älteren Brüder wurden von den Mitschülern teilweise als »Russen« und »Pollacken« beschimpft und mussten sich ihren Platz unter den Schülern buchstäblich erkämpfen. Es gab Lehrer, die unseren ostpreussischen Dialekt nicht mochten und unsere Brüder deswegen verspotteten und ausgrenzten.
Wir Mädchen blieben von diesen Dingen glücklicherweise weitgehend verschont.
Von Lage aus verteilte sich die Familie später in West-Deutschland. Meine Schwester Marianne ging nach Hamburg, mein Bruder Dietmar nach Frankfurt, Hans lebte ein abenteuerliches Leben mit vielen Höhen und Tiefen, Lothar blieb in Lage und mich verschlug es nach Bielefeld.
Unsere Mutter hat sich um das üble Gerede und die Hetze gegenüber uns Flüchtlinge nie gekümmert. Sie lebte ihr Leben, wie sie es immer gelebt hatte – zielstrebig, durchsetzungsstark und hart gegen sich selbst, wo es ihr nötig erschien. Sie hielt auch später die Familie mit ihrer ganz eigenen Autorität zusammen und war wie selbstverständlich da, wenn sie gebraucht wurde.
Sie hat aber nie wieder ein Instrument in die Hand genommen.

Nachruf

Am 10. Mai 2022 gegen 0:30 starb unsere Mutter, Ehefrau und Schwiegermutter Ingrid Huxhage, geb. Oertel, nach langer und schwerer Krankheit in einem Bielefelder Krankenhaus.
Die traurige, aber für meine Frau und mich nicht unerwartete Nachricht, erreichte uns gegen 0:45 in der Nacht.
Wir fuhren sofort ins Krankenhaus und fanden unsere Mutter wie friedlich schlafend in ihrem Krankenbett vor. Ihr Gesicht war völlig entspannt, der Mund ein wenig geöffnet und der Kopf ganz leicht nach hinten gelegt – genau so, wie sie zuhause des Öfteren in ihrem Sessel eingenickt war.
So konnten wir sie in Erinnerung behalten. Friedlich eingeschlafen, zutiefst entspannt, das durch ihre lange Krankheit harte Leben hinter sich lassend.

Ich sehe es als ein sehr großes Privileg an, meine Mutter über 61 Jahre um mich gehabt zu haben. Dafür bin ich von ganzem Herzen dankbar.

Rainer Huxhage, im Mai 2022

Die Dinge wirken nach

Im Jahr 2017 fasste ich den Entschluss, die Geschichte der Flucht meiner Mutter aufzuschreiben und eventuell auch zu veröffentlichen. Ich führte über längere Zeit mehrere Interviews mit ihr und ihrer Zwillingsschwester Marianne, meiner Patentante.
Während dieser Gespräche in lockerer, familiärer Atmosphäre bemerkte ich schnell, dass auch nach einem Dreivierteljahrhundert die Erlebnisse der damals jungen Mädchen immer noch präsent sind.
Es wurde oft still, nachdenklich und emotional – es flossen Tränen und längst vergessen geglaubte Dinge wurden plötzlich an die Oberfläche gespült.
Das Krachen der Bomben, die zitternde Angst und zerknüllten Taschentücher, die Mutter, die im Bombenhagel ihre eigene Angst unterdrückt und »Weißt du, wieviel Sternlein stehen« singt, das Pfeifen des eisigen Windes, der die Leichen am Wegesrand gefrieren lässt, der Schnee, der das graue, stumme Leid mit einem weißen Überzug verziert – das alles tauchte wie ein böser Geist wieder auf und ich begriff: es war nie weg.
Die Erlebnisse waren lediglich versteckt. Eingeschlossen in unbekannte Gefängnisse tief in den Seelen der Kinder lauerten sie darauf, wieder an die Oberfläche zu brechen und ihre hässliche Fratze zu zeigen.
Immer noch müssen die Kinder dieser Welt schreckliche Dinge erleben – man hat nichts aus der Vergangenheit gelernt.

Es ist traurig.

Bielefeld, im Jahre 2025

Ein herzliches Dankeschön an alle, die geholfen haben, diese
kleine Geschichte zu Papier zu bringen.

Meine Mutter Ingrid Huxhage, geb. Oertel

Meine Patentante Marianne Oertel

Meinen Vater, der sich geduldig und interessiert
diese alten Geschichten angehört
und wertvolle Fragen gestellt hat.

Meine Frau Isa Huxhage, die sich immer wieder
die einzelnen Entwicklungsschritte des Manuskriptes
angehört und kommentiert hat.

Ein ganz besonders herzliches Dankeschön
an die Leute, die sich für die Geschichte interessieren
und dieses Büchlein gelesen haben.